JN437929

비우는 즐거움

비우는 즐거움

한 두 현 제05시집

을지출판공사

■ 시인의 말

잘 익은 과일나무

가을
가을이 오면

잘 익은
과일나무는

봄여름
모진 비바람에 떨어질까

노심초사
고이고이 기르고 기른 열매

비워 내준다
멧돼지 다람쥐 가리지 않고

득도한 이나
할 수 있는 무주상보시를 쉽게

훌훌 털어버리고
바람처럼 구름처럼 자유로이 날으려나

2020년 새해 아침

각공서재에서
中里 한 두 현

Contents

차례

■ 시인의 말 · 4
■ 中里 한두현(韓斗鉉) 약력 · 204

제 1 부 꽁꽁의 추억 邦

꽁꽁의 추억 · 14
그래서 숨통 · 15
돈이 죄가 되는 나라 · 16
확대경의 상처 · 18
뚱딴지 미래 예측 · 19
상식이 별종이 된 세상 · 20
입추가 던져 주는 한줄기 빛 · 22
미처 몰랐네 –70주년 국군의 날 · 23
소 잃고 외양간 고치기 · 24

제 2 부 피보다 진한 돈 會

衣食이 넘치면 · 26
Me Too 바람 · 28
먹는 게 탈 · 30
조계사 앞 거지 중 · 32
부모 위상의 추락 · 34
식당의 진화 · 35
길바닥 까마귀 떼 · 37
역사는 만드는 자의 몫 · 38
절반의 자살 · 40
뚱뚱보 커플 · 42
빠지는 놈 즐기는 놈 · 44
우산 스트레스 · 46
음식점 인사 효과 · 48
미운털의 대가 · 49
단숨에 땡추중 · 51
피보다 진한 돈 –21C 세태 · 53
뜸양꿍 · 54
지팡이의 고민 · 56

Contents

제 3 부 情 익어 가는 소리 삶

情 익어 가는 소리 · 60
아내 팔순 잔치 · 62
즐거운 점심 사냥 · 64
지팡이 덕 본 날 · 66
어린이날 단상 · 68
Galaxy S9+ 단숨에 · 70
카톡 재미 · 72
날 보고 쉬라 하네 · 74
체중은 노루 뒷다리 · 76
사랑이란 · 78
영원한 동반자 청려장 · 80
우는 팔자 우산 · 82
자수성가한 부자와 거렁뱅이 · 84
보부상 사열 · 86
날마다 코스 요리 · 88
리모델링의 부푼 꿈 · 89
귀 리모델링 · 90
인연의 무게 닥터만 · 92

Contents

제 4 부 자랑하기도 아까운 이야기 人

자랑하기도 아까운 이야기 · 96
아주 멋있어요 · 98
아버지 땀 냄새 · 100
모자로 본 할배 · 102
아들 낳은 82세 사나이 · 104
찬밥 한 덩이 추억 · 105
선녀와 나무꾼 · 107
예수 덕 본 날 · 108
말의 정원사 시인 · 110
극성지패가 · 112
어머니 아버지시여! · 114
갑질 버스 기사 · 116
오랜만에 양반 자제 · 118
만지작만지작 591 · 120
복덩이 고모님 떠나신 날 · 122
텅 빈 스승의 날 · 124

Contents

제 5 부 비우는 즐거움 道

비우는 즐거움 1 –저녁 끼니 비우기 · 128
비우는 즐거움 2 –밥 · 반찬 비우기 · 130
비우는 즐거움 3 –군더더기 살 비우기 · 132
비우는 즐거움 4 –저서 · 시집 비우기 · 134
비우는 즐거움 5 –자식 효도 비우기 · 136
비우는 즐거움 6 –시간 비우기 · 138
巨木다워라 · 140
자유로운 영혼 · 141
알다 모를 인연 · 143
주머니 속 절대신 · 145
어머니 탕국 · 147
천년 꿈을 안는 하루 · 149
제사 비용 0 · 151
100세 비결 · 153
맥을 살리는 지혜로운 삶 · 155
끈 떨어진 연 · 157
나는 왕이로소이다 · 159

Contents

신들린 밤나무 · 161
외로운 길 · 163
팔십 정상 오르니 · 165
팔십 정상 밟으니 · 166
오는 세상 꾸미는 재미 · 168
그려 본 오는 세상 삶 · 170
아름다운 생존 본능 · 172
알맞은 삶의 미학 · 174

제 6 부 달리는 진달래 然

새 옷 갈아입는 계절 · 178
달리는 진달래 · 180
바람 바람이 불면 · 181
비가 내리네 임이 오시네 · 182
한증막 폭염 호들갑 · 183

Contents

제 7 부 18,000神의 나라 제주 紀

살고픈 제주 · 186
18,000神의 나라 제주 · 188
아까워라 홋카이도 · 190
맨 마지막 사라질 나라 일본 · 192
고만고만한 일본인 · 194
아이 셋이 대세 · 196
선교장(船橋莊)에 놀라다 · 198
놀란 카카오택시 기사 · 200
강릉엘 와 보니 · 202

제 1 부

꽁꽁의 추억

邦

꽁꽁의 추억

호들갑 떨지 마라
아무리 추운들 1.4후퇴 때에 비하랴

나라는 풍전등화
거위 털 모직물은커녕 솜바지 저고리

털내의 귀걸이도 없이
문막강 바람 맞으며 왕복 40리 통학

연탄불 셋방살이 12년
방 안의 걸레 꽁꽁 벽에는 하얀 성에꽃

요즘의 풍요로움
강추위야 무에 무서우랴만 나라꼴이 꽁꽁

역주행하다 보면
꽁꽁의 추억이 다시 재현될까 잠 설치네

2018. 1. 26

그래서 숨통

술수(術數)로
얻은 정권 술수로 망한다

사화(士禍)로
얻은 정권 사화로 망한다

데모(demo)로
얻은 정권 데모로 망한다

총검(銃劍)으로
얻은 정권 총검으로 망한다

불 불 불로
얻은 정권 불 불 불로 망한다

그래서
국민의 숨통이 꽉 막히지는 않는다

2018. 1. 28

돈이 죄가 되는 나라

有錢有罪
돈이 많아 감옥 가는 나라

절대 권력
달라는데 안줘도 죄 줘도 죄

묵시적 청탁이니
이심전심으로 마음속 청탁이니

괴상한 논리로
불구속 기소로 해야지 353일씩이나 구속

정경 유착의 전형이란
무리하게 온갖 무리수를 동원한 촛불 특검

자랑스러운 글로벌기업
박수는 못 칠망정 잡아먹지 못 해 안달인지

그래도 마지막 보류

법과 양식이 살아 있는 법관이 있어 절망을 면한다

2018년 2월 5일
자유민주주의 시장경제의 대한민국 만세 만세 만세

2018. 2. 7

확대경의 상처

절세미인도
확대경엔 땀구멍 숭숭 추녀

주름살 여인도
멀리 떨어져 바라보면 미인

어느 인간도
배 속엔 똥오줌 고름이 가득

눈을 질끈 감으면
추녀도 미인으로 보이는데

똑바로
바라보는 것도 모자라

상대에게
확대경까지 들이대고 어찌 살려나

2018. 2. 18

뚱딴지 미래 예측

출산율
줄고 줄어 줄다 보면

미래엔
우리 민족이 없어질 수도

낳고 싶은 가임 여성
능력 있는 남자 만나기 어렵고

자식 욕심 많은 남자
낳고 싶은 가임 여성 만나기 어려워

뚱딴지 해결 방안
능력대로 수십 명씩 낳을 수 있도록

가족법을 이슬람처럼
바꿔야 하리 바꿔야 할 때가 오고 말리라

2018. 3. 24

상식이 별종이 된 세상

넥타이 노신사
종로거리에서 별종

결혼 출산
미혼 남녀에겐 별종

부모에 효도
정성껏 한다면 별종

안보 의식
부르짖는 놈은 별종

자유민주주의
교과서에 실리자면 별종

원자력발전
지속해야지 주장하면 별종

기업을 살려야

경제가 산다고 외치면 별종

소득주도 성장
경제이론에도 없는 허구라면 별종

침투 간첩
잡아내는 데 종사하는 놈은 별종

이승만 박정희
대한민국 건설의 주역이라면 별종

김일성 김정일 김정은
세습독재 인권문제 들추어내면 별종

2018. 8. 2

입추가 던져 주는 한줄기 빛

입추
바로 이거야

양의 탈 쓴
늑대의 횡포도 꺾이는 폭염처럼

20년이라니
2년도 견디기 어려워 진저리치는데

생사여탈권 쥔 저승사자
공안 정보 숙청 형벌 문화 교육 미디어 기업의

정의 부르짖으며
서슴없이 온갖 만행 저지르는 뻔뻔한 저 얼굴

나는 보았다 입추에
누구도 영원불멸한 독선의 향락 누릴 수 없음을

2018. 8. 8

미처 몰랐네

–70주년 국군의 날

미처 몰랐네
기발한 방법 있는 줄

적군이
백만 대군으로 쳐들어오면

싸이가
최전방에 나가 신나게 말춤 추면

놀란 적군
혼비백산 총을 버리고 달아난다는 걸

2018. 10. 1

소 잃고 외양간 고치기

앞집 머슴
똑똑해 외양간 튼튼

옆집 머슴
소 잃자 외양간 고쳐

우리 머슴
멍청이에 고집불통이라

소 잃고도
외양간 고치지 않고 버틴다

하루하루
지날수록 소가 없어지고 있는데도

누굴 원망하랴
주인 눈이 멀어 미소 짓는 깡패에 속구서리

2018. 12. 14

제 2 부

피보다 진한 돈

會

衣食이 넘치면

衣食이 부족하면
예절은 지킬 마음뿐이고

衣食이 족하면
예절은 지킬 수 있게 되지만

衣食이 넘치면
예절은 지킬 마음까지도 사라져

하늘에서 떨어진 듯
땅에서 솟아난 듯 부모 형제도 안보여

기고만장 오만불손
자기가 법이 되는 참담함에 이르고 만다

어쩌다 예의범절 몰수
배부른 돼지 우글대는 세상으로 되어 가는지

석가모니 걸식으로
하루 한 끼에 누더기 옷 걸친 이유 알 듯하여라

2018. 2. 4

Me Too 바람

바람둥이
me too 바람에 낙엽 신세

절대 권력
정력 신체 환경 갖춘 수컷

어느 누가
군침 흘리지 않을까만

깊은 수렁
빠지지 않은 힘 오직 체면

목숨보다
중하다는 신념 심어 준 교육

아니었다면
나 역시 밤잠 설치었을 위치

퀴퀴한 냄새

풍기는 쓰레기 깨끗이 깨끗이

미투 바람아
날려라날려라 태풍 되어 시원시원하게

2018. 2. 26

먹는 게 탈

거저
준다 해도

목에
걸리지 않을까

배에
들어가 탈이 나지 않을까

심사
심사숙고해도 모자랄 판에

강도처럼 빼앗거나
도둑처럼 훔치거나 하고 나서

온전하길 바란다면
쇠고랑 무서운 줄 모르는 짓

Me Too도

줄줄이 망신당하는 역대 대통령도

먹는 걸
조심하지 않다가 발생한 사고인데

우매한 인간
역사가 계속 되는 한 이어지리 이어지리라

2018. 3. 21

조계사 앞 거지 중

멀쩡한
승복차림의 젊은 거지 중

조계사 앞
불자 붙잡고 노잣돈 달라

하루 이틀이면
몰라도 허구한 날 못된 짓

어느 날
나에게 손 내밀어 알아듣게 타일렀는데

건망증인가
종로거리에서 만나 나를 향해 또 구걸이라

큰소리로
"조계사 앞도 모자라 여기서까지냐"고 호통

스님도 대접받기 어려운 세상
승복 걸친 거지 중아 불교 위상에 먹칠 그만 하자

2018. 5. 24

부모 위상의 추락

자랄 땐
생살권을 쥔 절대 군주

살아남으려
갖은 아양 다 떨며 죽는 시늉도

자립 땐
옆에 있어 든든한 친구

이것저것
왔다 갔다 삶의 동반자로 여기다가

늙어갈 땐
없어지면 시원할 짐

돈 있으면 빨리 상속
돈 없으면 조용히 빨리 사라지기만

2018. 5. 26

식당의 진화

식당은
사회의 거울

사회가
진화하면 따라 해

자리는
온돌에서 고급 탁자로

그릇은
양은 스테인리스 넘어 도자기로

환경은
바글바글 시끌에서 시원 조용으로

서비스는
손님의 요구 부응을 넘어 마음속으로

알고도
진화할 수 없다면 몰라도 안주는 금물

고객은
늘 價性比 따지는 마음 놓지 못할 존재

진화해야지
텅 빈자리만 남아도는 식당 되지 않으려면

2018. 7. 9

길바닥 까마귀 떼

놀란다
깜짝깜짝

까욱까욱
깍깍깍 목이 터지도록

언제부턴가
종로 길바닥에 나타난 까막 떼

신나게 짖어 댄다
지나가는 인간이 좋아하는 줄 아는 듯

목청 높여 울어 댄다
마치 자기들이 소프라노 가수나 된 듯이

언제고 까마귀 말 익혀
알려 주리라 당신들은 소름 끼치는 흉조라고

2018. 7. 13

역사는 만드는 자의 몫

역사는
별개 아닙니다

누구나
만들어 갈 수 있습니다

어떤 위치
어떤 환경에서도 가능하답니다

추사가
제주 유배 시절 실의에 빠져 놀았다면

이중섭이
6.25때 은박지에라도 그리지 않았다면

이순신이
하루도 빠짐없이 난중일기를 쓰지 않았다면

한나라 사마천이

궁형을 당하고도 살아남아 사기를 기록하지 않았다면

진시황이
수많은 백성을 닦달해서라도 만리장성을 쌓지 않았다면

인류의 역사는
김빠진 맥주 격이 되어 관심이 적은 학문이 되었을 게다

2018. 7. 19

절반의 자살

매일매일
신문 부고란을 훑으며

절반 이상이
병사 아닌 자살일 거라는 생각

우리 몸 안 밖
존재하는 의사 약사 관리사

지시만 잘 따르면
병이 사람을 죽이기 힘들어진 세상

어떤 난치병도
지레 겁을 먹고 스트레스를 받을 게 아니라

어제보다 오늘
컨디션이 나아지는 데만 힘쓰며 만족하다 보면

세상없이
지독한 병마도 손을 들고 보따리를 싸게 된다

죽음이란
누구에게나 반드시 오는 것 두려워할 상대가 아니야

두려워하면
달려들어 빨리 잡혀 가고 느긋하면 포기하고 떠난다네

2018. 7. 22

뚱뚱보 커플

짜리몽땅
50대 초반의 커플

제주 흑돼지
삼겹살에 카스 두 병

아무리
잘 봐준다 해도 노동자급

대화가 기가 막혀
천만 원 크루즈여행부터

언제부터
우리나라가 이리도 잘 살게

아하 무릎을 쳤지
부모님이나 자식 기르는 얘기가 빠진

무거운 빚

내세에 그 죄를 어찌 갚으려구 저러나

누군가
낳아 주고 길러 주어 잘 먹고 고급관광 다니면서

아마도 다음 생
돼지로 태어나 수십 마리 새끼로 진 빚 갚으리라

2018. 7. 24

빠지는 놈 즐기는 놈

산에
빠지는 놈 산 땜시 죽고

물에
빠지는 놈 물 땜시 죽고

술에
빠지는 놈 술 땜시 죽고

음식에
빠지는 놈 음식 땜시 죽고

계집에
빠지는 놈 계집 땜시 죽고

말장난에
빠지는 놈 말장난 땜시 죽지만

산을

즐기는 놈 산 덕에 살고

물을
즐기는 놈 물 덕에 살고

술을
즐기는 놈 술 덕에 살고

음식을
즐기는 놈 음식 덕에 살고

계집을
즐기는 놈 계집 덕에 살고

말장난을
즐기는 놈 말장난 덕에 산다네

2018. 7. 29

우산 스트레스

스트레스
우산만 한 것도 드물어

들면 비가
내려 주어야 체면 유지

덜렁덜렁 들고
걷자니 한 치 앞도 못 보는 꼴

그칠 기미 안보여
사서 들면 그치고 집엔 또 하나

손님으로 갈 땐
아무래도 승용차도 없는 빈티

아차 실수로
어디다 두고 오면 건망증환자

돈이 남아돌아
평평평 써 버리는 위정자 양반

이 문제 하나 해결
못하시나 공중화장실 휴지처럼

여기저기 비치하면
오다가다 비 내릴 때 쓰면 될 걸

날이면 날마다 스트레스로
온 세상 도배만 말고 시원한 샘물처럼

2018. 8. 24

음식점 인사 효과

"어서 오세요"는
밥맛을 돋워 주는 애피타이저

"안녕히 가세요"는
다시 오고프게 하는 예약권

2018. 8. 31

미운털의 대가

종로3가
SKtelecom 대리점

폴더 폰도 사고
스마트폰 개통도 한 단골

나쁜 느낌
상담을 하면서 옆 화면만
뭘 물으면 퉁퉁 짧은 답변

폰 보험 해지
신분증 가지고 다시 오라 해

은행처럼
카피를 떠 보관하는 줄 알았지

다음 날 신입 사원
전화번호 생년월일만 묻고 처리해 줘

"신분증은?" 물으니
확인용이라 꼭 필요치는 않다고 하네

사업한다면서 골탕이라
사업운한테 찍힌 미운털 대가는 어찌 치르려구

2018. 9. 5

단숨에 땡추중

어떤
고승일지라도

법상에
앉아 헛소리를 한다면

단숨에
땡추중으로 추락하는데

하물며
아침마다 방송되는 법문에서

암은
항암제도 방사선도 효과가 없으니

쑥뜸이나
용봉탕을 먹어야 희망이 있다고 한다면

365일
아무리 좋은 법문을 했다 해도 땡추중이 되리

자기 전문 분야나 하라
알지도 못하는 분야를 시간 채우느라 씨부렁거리지
말구

2018. 10. 3

피보다 진한 돈

– 21C 세태

돈 보따리와 부모가
홍수에 떠내려갈 때

제일 먼저 건지는 건
두말할 필요도 없이 돈이란다

부자 부모가
홍수에 떠내려갈 때

건질 건가 안 건질 건가?
당연히 안 건진단다 상속받아야 하니깐

형제가
돈이 없어 굶주릴 때

도와줄 건가 안 도와줄 건가?
당연히 안 도와준단다 계속 손 벌릴까 봐

2018. 10. 6

똠양꿍

기분이
아주 꿀꿀한 날

목포집
한글날이라 쉬고

양마니
김치찌개도 혼자라 거절

이래저래
기분은 꿀꿀을 넘어 꿀꿀꿀

이런 날은
되게 매운 거가 맞으리라 찾은

안국역 근처
태국음식점 반 타이에서 똠양꿍

맵고 시고 짠
큰 대접에 가득한 걸 꿀꺽꿀꺽 들이켜니

속에선 불
아래는 화끈화끈 기분은 훨훨훨 날을 듯

다만 흠이라면
꿍이면 꿍다워야지 중새우 달랑 두 마리에 1.7만 원

2018. 10. 11

* 똠양꿍: 유명한 태국 수프로 꿍은 새우를 뜻함.

지팡이의 고민

붐비는
지하철에 타는 게 부담 돼

주인어른
몇 정거장쯤 거뜬하신데

나이 든 어르신
벌떡 일어나실 때면 송구해

쥐구멍이라도
들어가고 싶은 심정이야

아 어제
안국역에서 탔는데 주인또래 어른

얼른 자리 양보하고
세 정거장씩이나 서서 가시니

젊은 남자 여자
눈 뜨고 멀뚱멀뚱 쳐다만 보는데 글쎄

2018. 12. 19

제 3 부

情 익어 가는 소리

삶

情 익어 가는 소리

정(情)
별건가

상식
있는 곳에 정은 익어 간다

축하
한 마디

있어
익어도 가고

없어
멀리 달아나기도

가까운 사이일수록
잘 익기도 유리알같이 잘 깨지기도

한 번 깨진 정
다시 붙기 어려워라 내생인들 바라랴

2018. 2. 12 81회 생일을 맞아

아내 팔순 잔치

나는 지난해
아내는 올해 팔순 잔치

나는 동보성
120여 명의 손님 초대

아내는 조선호텔 홍련
20여 명의 손님 초대해

작년엔
내 친육촌까지에 고종 외종
처가 친사촌까지에 고종 이종

올해엔
내 친사촌까지
처가 친사촌까지에 고종 이종

잔치는
언제나 흥겨워 시끌벅적 귀한 만남의 장소

옥토끼 아내라
궁중옥으로 조각한 토끼와 뒷면 감사패가 백미

공주아내의 덕망
여기저기서 이구동성으로 칭송하니 부마가 우쭐한 하루

2018. 3. 13

즐거운 점심 사냥

농민이
유목민도 아닌 사냥꾼 되어

단골로
늘 한집엘 가 먹던 같은 음식

요즘엔
여기저기 두리번거리며 사냥해

흑돼지며
암소 닭이며 명태 낙지며 닥치는 대로

튼튼한 두 다리
밝은 눈 충분한 화살 왕성한 식욕 소화력

아무래도
내 핏속에 흐르는 머나먼 수렵조상 DNA

아직도 남아
생생하게 되살아 난 느낌이라 더욱 신기해

건강에도
좋고 나쁜 것 가리지 않고 먹어치우는 게

잡식 동물로
살아남은 우리 조상의 비결이니 즐거운 점심 사냥

2018. 4. 1

지팡이 덕 본 날

80kg 거구
비틀비틀 넘어가기 직전*

지팡이가
지탱해 준 순발력 발휘에

지나던
20대 아가씨가 붙잡아 줘

고마워요
쳐다보니 어머니 닮은 듯

병원행
모면해 천만다행인 하루

다급할 땐
아내나 자식보다 나은 지팡이

더 좋은 건
내가 도왔다고 공치사도 없으니

아무리 그래도
걸려 넘어지려 할 때 지탱해 준 두 다리

고마워 고마워
믿을 건 내 몸과 가까이 있는 친구일세

2018. 4. 19

*어머니 파제삿날 오후 한 시경 공평빌딩 공사장 옆을 지나다 발이 걸려.

어린이날 단상

깜짝이야
어찌 이런 기사 제목

우리나라
제일의 일간지가

"고민이 있죠
일곱 살에게도" 라니

나이는
숫자에 불과하다 듯이

사람의
정신성장 속도는 천차만별

어떤 이는
일곱 살에도 영감 오십 살에도 어린애

누구나
유아 어린이 젊은이 늙은이 거치지 않아

아무리
기억을 더듬어 보아도 내 어린이는 실종

일곱 살엔
어린이는커녕 청년도 아닌 영감탱이가 되어 있었으니

2018. 5. 5

Galaxy S9+ 단숨에

폴더 폰
쓰던 놈이 하루아침에

스마트폰
최신형 Galaxy S9+로

남이 보면
쓸 줄 모르니 개발의 편자

뒤지기 싫어
무엇이든 하면 남보다 먼저였는데

여생을 의심
미루고 미루다 2018년 어버이날에

하루 한 가지씩
배우며 즐기다 보면 프로도 되리라

빨리 도는 세상
선두는 못설망정 뒤쳐지진 말아야지

100세 인생
달려갈 운동화 한 켤레 준비한 기쁨

2018. 5. 13

카톡 재미

진작
바꿀 걸 스마트폰

카카오톡
이리도 재미난 줄 알았다면

늦 배운 도둑
밤새는 줄 모른다더니 요즘

톡톡 치면
톡톡 넘어오는 탁구 치는 맛

나이도
어눌한 손도 어느덧 젊어져

누가 누가
내가 넘긴 공 계속 받아쳐 준다면

먼 훗날
무덤에 들어가서도 해 볼 만한 재미

2018. 5. 31

날 보고 쉬라 하네

쉬는
일요일 새벽 출근

컴퓨터를
켜니 인터넷이 휴업

A/S 요원도
쿨쿨 자는지 휴업 중

신문도
카톡 친구도 휴업인데

나무 위 까치
날갯죽지 늘어트리고 쉬고

달려온 햇볕
아스팔트 위에 널브러져 쉬니

온 세상이
날 보고 "당신도 쉬라" 하는 듯

2018. 6. 3

체중은 노루 뒷다리

노루
뒷다리가 길어

오를 땐
"날 잡아 봐라" 훌쩍 껑충

내릴 땐
"엄마 나 살려라" 비틀비틀

체중도
오를 땐 껑충 내릴 땐 감질

노루가
오르막길인가 내리막길인가

아침마다
체중계에 올라 가늠하는 하루

오르든 내리든
내 뜻대로 움직이는 뒷다리 방향

연민의 정
뒤룩뒤룩 거리 누비는 이들에게 느껴

2018. 6. 6

사랑이란

사랑이란?

예쁜 조약돌입니다
고요한 호수에 던져 파도 일으키는

시원한 샘물입니다
꿀꺽꿀꺽 목마른 이 갈증 가셔 주는

강한 엔돌핀입니다
거북이가 뛰고 토끼가 하늘을 나는

커다란 웃음창고입니다
하하하 호호호 깔깔깔 껄껄껄 소란한

화수분 보물 창고입니다
퍼 주고 퍼 주어 바닥이 나도 뭐가 남아 있는

확 뚫린 고속도로입니다
밤낮도 계절도 날씨도 아랑곳없이 소통되는

2018. 6. 15

영원한 동반자 청려장

너무너무
아름다운 용트림 자태

네가 바로
어릴 적 맛나게 먹던 명아주라니

너는 죽어
용으로 다시 태어난 삶을 사는구나

가벼우면서도
강철같이 단단하고 부드러운 감촉

뛰어난 너
알아본 조상 신라 때부터 청려장(青藜杖)

짚으면
중풍에 좋고 장수한다는 약지팡이

누가 있어
문밖을 지켜 주고 길동무를 해 주랴

밥 달라
옷 달라 똥마렵다 아프다 놀아 달라 없이

묵묵히
내 곁을 지켜 주고 따라다니는 영원한 동반자

2018. 8. 1

우는 팔자 우산

엉엉엉
우산이 슬피 운다

골방에서
갑갑해 죽겠다구 운다

운 좋은 날
나와선 비가 내리지 않아 운다

비가 오면
너무 좋아서 눈물을 뚝뚝뚝 운다

비바람 치는 날이면
뒤집히고 뼈가 부러져 아파서 운다

이래저래
우는 팔자를 타고나 이름이 우산인가 봐

나 홀로 오피스텔
장속엔 무려 다섯 놈이 번갈라 울어 댄다

2018. 8. 23

자수성가한 부자와 거렁뱅이

부자
1원도 장갑 벗고 정중히 받지만

거렁뱅이
10원도 장갑 끼고 받아 던져 버린다

부자
한 푼이라도 싼 것 찾아 돌고 돌지만

거렁뱅이
그날 얻은 돈 흥청망청 다 써 버린다

부자
자기 지갑 열기를 철 성문 열 듯 하지만

거렁뱅이

자기 배낭 열기를 오뉴월 거적문 열 듯 한다

2018. 10. 16

보부상 사열

아침은
보부상 사열로 시작된다

팔도의
특산물*을 지고 밤새 달려온

하나하나
정성을 생각하며 깨끗이 비운다

진상품을
다 받아먹고 나면 백의의 보부상만

당당하게
줄지어 사열 받는 모습 너무 멋있어

뉘인들
이런 호강 이런 대우 받을 수 있으리오

2018. 10. 17

* 특산물: 가지 고춧잎 깻잎 비듬나물 도라지 고사리 애호박 머위 연근 미나리 양배추 양파 파 마늘 당근 취나물 오이 브로콜리 우엉 씀바귀 민들레 풋고추 부추 느타리버섯 표고버섯 달래 더덕 시금치 쑥갓 냉이 생강 파프리카 파슬리 무……

날마다 코스 요리

날마다
코스 요리라

아침은 집
20여 가지 야채샐러드

점심은 밖
밥과 생선이나 고기 등 메인

저녁은 집
과일 견과류 치즈 등 디저트

식사 시간이
하루 종일이라 좀 길지만

날이면 날마다
코스 요리로 건강을 챙긴다

2018. 11. 18

리모델링의 부푼 꿈

리모델링
상상만 해도 흐뭇한

튼튼한
골조가 아니면 어찌

낡아 빠진
구석구석 하나하나 새롭게

바꿔 끼면
얼마나 편하고 얼마나 멋질까

아니 아니
그러다가 마음까지 동심으로

돌아가라지
신바람 나게 신바람 나게 살게끔

2018. 12. 6

귀 리모델링

세상에
이리도 많은 소리 소리

숨었던
소리 소리가 귀를 때린다

아삭아삭
음식 씹는 소리 옷깃 스치는 소리

난민 아우성 소리
밤하늘 별똥별 떨어지는 소리까지

갑자기 갑자기
千耳天眼을 가진 관음보살이라도 된 듯

캄캄한 밤하늘
저 달은 벽창호가 되어 허공에 헛손질만 하는데

뉘가 있어 뉘가 있어
이해가 다 가기 전에 귀머거리 달 리모델링해 주나

2018. 12. 11

인연의 무게 닥터만

전생에
무슨 인연이었기에

2002. 5. 30
처음 만나고 나서

한 해도
거르지 않고 꼬박꼬박

25주년 은혼식
30주년 진주혼식
35주년 산호혼식
40주년 녹옥혼식
45주년 홍옥혼식
50주년 금혼식도

모두모두
그대와 함께했으니

60주년 회혼식도
70주년 금강석혼식도

닥터만과 한다면
인연의 무게 가늠하기 어려우리

2019. 5. 30

* 52주년 결혼기념일에 닥터만에서

제 4 부

자랑하기도 아까운 이야기

人

자랑하기도 아까운 이야기

손자 두 녀석이
1년간 저축한 벙어리 통장 깨

할애비 생일 선물
사 보냈으니 자랑하기도 아까워

팍팍한 요즘 세상
이보다 더 흐뭇한 이야기 있으랴

역사 깊은 고목도
가지가 뻗어 나가길 멈춘다면 땔감

상식이 상식이 아니라
여기저기 가지 없는 나무가 속출해

뜻있는 이의 가슴 울리는데
새 가지가 몸통까지 사랑하는 아름다움이여

무럭무럭 뻗어라
수수만 명이 그늘에 쉬어 가며 행복을 느끼도록

2018. 2. 1

아주 멋있어요

조계사
건너편 길

김희갑 씨
닮은 듯한 60대

오토바이
가게 점심 철가방 실으며

나에게
뜬금없이 "맛있어요"란다

"뭐가 맛있어요?"
물으니 "멋있어요"란다

"고마워요"라니
엄지척까지 하면서 "아주 멋있어요"란다

멋있어 봐야
캡 넥타이 파커 운동화 지팡이 오죽하랴만

추하진 않다는 뜻쯤 받아도
오후 내내 기분 좋은 어쩔 수 없는 중생이라

2018. 2. 27

아버지 땀 냄새

땀 냄새
아버지 땀 냄새가 좋아

매일 매일
옛 화신백화점 자리를 간다

선린상업 나와
젊음을 불살랐던 처음이자 마지막 직장

무엇이 그리도
간절해 몸 부서지는 것도 모른 채 열중

대동아 전쟁 중이라지만
조선 제일의 부자 박흥식 사장 짠돌이

겨울철 밤늦게 퇴근
하체가 얼음장 같도록 일한 아버지 미련

마침내 불치병 결핵
그만둔 자리 두 명을 붙여도 일처리 못했다

누구를 원망하랴
일이면 죽을 둥 살 둥 빠져 드는 우리 집안 DNA

26세 떠날 줄도 모른
아버지 밭은기침 소리 들으며 종로타워 떠난다

2018. 3. 1

모자로 본 할배

저기
걸어간다
할배의 모자 떼가

전투캡
마음은 아직 청춘
허리 꼿꼿이 세우고 앞장서

헌팅캡
부리고 싶은 멋 남아
꾸부정하니 슬슬 주위 살피며

중절모
무너지는 품위 지키려
이래 봬도 왕년에 하는 기분으로

어떤 모자든
얼굴엔 주름살 가득
걸어가는 다리 휘청휘청거리니

슬슬 걷게나
불구덩이 무에 좋아
걷는 동안은 살아 있음이니 아주 슬슬

2018. 4. 29

아들 낳은 82세 사나이

쌀 서 말
들 힘 있으면 아일 만든다더니

韓美林
중국 현대미술 거장이란 사나이

장하도다
82세에 떡두꺼비 같은 아들을 낳다니

자식이 있든 없든
어느 사내 그대 부러워하지 않을손가

큰 자식 비운 자리
채워 주고 재롱 피우는 모습 눈에 선해

나이 많은 젊은이
어깨 쫙 펴게 해준 공 표창장 주고 싶어

2018. 6. 8

찬밥 한 덩이 추억

보릿고개
어느 날 오후

방물장수
어머니 옆에 앉으며

아씨마님
찬밥 한 술 남았으면

아 그래요
부엌에 들어가 내온 건

찬밥 한 덩이
큰 대접에 물 한 사발 김치 한 보새기

정말 처음이야
맛나게 먹고 "이제 살았구나"하는 모습

밥투정할 때마다
떠올리며 미안한 마음 갖게 해 준 값진 추억

늘 생각한다
물질이든 마음이든 절박할 때 도움 주는 삶

2018. 6. 10

선녀와 나무꾼

깊은 산속
상상만 해도 황홀한 그림

새파아란
연못 속 목욕하는 선녀 모습

살금살금 기어가
옷 훔쳐 감춘 용감한 나무꾼

아름다워라
하늘 여인과 땅 사내의 만남

찾기 어려워
나무꾼이 사라져 선녀가 안 오는 겐가

아니야 아닐 게야
누가 감히 요즘 세상에 옷을 감출 수 있겠나

2018. 6. 12

예수 덕 본 날

오전
찝찔하던 날 오후

콩국수
먹고 산보하는데

예수
어깨띠 두른 두 할배

한 명은 고래고래
한 명은 전도지

손사래
안 받겠다고 두 번씩이나

또 내밀어
"난 예수가 싫어" 했더니

고함치며
달려든다 싸움할 자세로

맞고함 쳐도
기세가 꺾이지 않아 큰 소리로

"넌 지옥 간다 넌 지옥 간다"
두 번 지르니 날 살려라 줄행랑

지옥이
무섭긴 꽤 무서운 모양 저리도

우울한 기분 전환
싫은 예수 덕 톡톡히 본 날이

2018. 6. 16

말의 정원사 시인

시인은
말의 정원사

공터가
보이면 참지 못한다

처음엔
무슨 이름으로 할까

이름이
정해지면 얼개를 그리고

자료 수집
관상목 잔디 화초 정원석 물

시각적 미
색채의 균형을 이루어 아름답게

항상
아름다움만 추구하는 건 아니다

간혹
적을 물리치는 용감한 조각상도

2018. 7. 5

극성지패가

極盛之敗家
극성을 부리는 집은 망한다

어려서
귀에 못이 박히도록 들은 말

극성스러운
할아버지 외할아버지를 닮은 나

다짐하고 다짐했지
두 할아버지의 전철을 밟지 않겠다고

어머니의 간곡한
말씀을 늘 마음에 새겨 살아와 그런가

아직까지
탄탄대로를 달리고 있음에 고마울 따름

그런데 그런데
자식 중에 극성지패가 낌새가 나타난다

어찌하랴
나도 수십 번 가르치고 가르쳤는데 안 되는걸

그래서 그래서
세상은 돌고 돌아 음지 양지가 바뀌어 살 만해 지는
가 보다

2018. 10. 10

어머니 아버지시여!

제가
왔나이다

살아생전
오지 못할 줄 알았는데

이렇게
길고 높은 언덕을 오르다니

8년 전
저승 문턱을 밟은 후 또 한 번

누군들 감히
이런 행운을 예상이나 했으리오

기적 기적 기적
회춘을 하여 점점 좋아지고 있답니다

기나긴 지난날
집에 초청만 하고 계신 곳 찾아뵙지 못해

죄송 죄송 죄송
아들 며느리 손자 빠짐없이 보내 인사드렸지만

얼마나 기쁘세요
오늘 이렇게 자식 놈 끙끙거리며 올라와 뵈오니

2018. 9. 24 추석날

갑질 버스 기사

151번 3834호
젊은 놈이 갑질을 한다

2018. 10. 8. 10시 10분
수유시장에서 카드를 대는데

알아듣지 못할
기계음이라 몇 번 더 대니깐

젊은 버스 기사
성깔을 내며 카드를 빼서 대란다

올 때는 됐는데
하면서 하라는 대로 하고 탔지만

아무래도 화가 나
혜화역 근처에서 운전석에 가 따졌지

지팡이 짚은
늙은이라고 얕잡아 봐 성깔을 냈느냐고

처음엔 부정하다가
내가 큰소리로 안 그랬느냐고 다그치니

마지못해
잘못했다고 사과해 그럼 신고는 안 하겠다 했지

요금을 내고 타니 망정이지
무료승차라도 한다면 저놈들이 인간 취급도 안 하리라

2018. 10. 8

오랜만에 양반 자제

놀랐다
열 살쯤의 순수한 소년

두 손 모으고
공손히 허리 굽혀 절을 한다

깜짝 놀라
얼굴에 미소를 지으며 받으니

흐뭇한 표정 지으며
바삐 자기 대열로 뛰어 들어간다

여남은의
감색교복에 배낭을 멘 도시티 학생들

북인사동 안내소
두 줄로 다가오더니 소년 하나가 이탈해

아마도
이런 인사 받아보기는 종로에선 처음인 듯

문득 옛 생각
시골 학창 시절 길가 노인 분들 만나 인사드리면

뉘댁 자손인가
물으시고 “역시 양반 자제라 다르다” 칭찬하시던

2018. 10. 22

만지작만지작 591

무료할 때면
만지작만지작 591

옷장에 쌓인
쓸모없는 옷 신세가 된

연락처
하나하나 살피는 습관

현직일 때
명함보다는 편리하다 보니

단순한
숫자일 뿐이라는 생각을 하며

곱씹어 보면
지나온 역사가 눈앞에 펼쳐져

아주 가끔
걸어 본다 반갑게 받을 상대방 찾아

아쉬운 건
멀리 떠난 친구는 아무리 걸어도 대답 없어

2018. 10. 25

복덩이 고모님 떠나신 날

가을 하늘이
시샘할 만큼 높고 푸르러

당신 몸 불사른
흰 구름 타시고 둥실둥실

이 땅에서 못다 한
큰 뜻 풀어보시려 서두르시는 듯

백세 몇 날 남겨 두신 채
태어나시어 오늘까지 온갖 떠받침

어려서는 사대부가 고명딸로
시집가서는 비단결 마음씨 선비남편

효자 효녀들
지극한 보살핌 속에서 눈을 감으시니

예전에도 미래에도
이리도 복 많이 타고난 이 없으리라

당신 당신의 일생은
주위 선망의 대상이자 시샘의 대명사였구려

2018. 12. 9 발인 날

*99세에 떠나신 고모님을 그리워하며

텅 빈 스승의 날

瑞軒
金魯洙 선생님

보름만
더 사셨어도 오늘

텅 빈
스승의 날이 아닐 텐데

100세 시대
94세로 떠나시다니 너무 하셔

받은 사랑
태산 같은데 보답한 건 한 종지

마지막 길
진천까지 따라가지 못해 죄송 죄송

이승에서 맺은
인연 끈끈하니 저승인들 무심할 손가

젊어 한때
새벽부터 밤까지 세배 다닌 많은 스승

한 분 두 분
떠난 자리엔 번쩍번쩍 대머리가 되었구려

2019. 5. 15

*지난 5월 1일 가장 존경하던 瑞軒 金魯洙 은사님께서 별세하시니 스승 한 분도 안 계시네.

제 5 부

비우는 즐거움

道

비우는 즐거움 1
–저녁 끼니 비우기

하루 세 끼
80년을 하루같이

줄기차게
채워야 사는 줄만 알고

하루 한 끼쯤
비워도 되지 않을까 싶어

저녁을 걸러 보니
어찌나 몸이 좋아하는지

입도 치아도
위장도 대장도 수면도 체중도

덩실덩실 춤춘다
“왜 이리 좋은걸 이제야” 하면서

채우는 것만이
잘 사는 방법인 줄 알고 살아온 지난날

방향을 바꾸련다
한 꺼풀 한 꺼풀 벗겨내 훨훨 날을 수 있도록

2018. 8. 12

비우는 즐거움 2

–밥 · 반찬 비우기

싹싹싹
먹다 남기지 않고

비운다
밥그릇 반찬 그릇을

습관이다
아마도 30여 년이 넘은

쌀 한 톨
얼마나 어렵게 나까지

먹으면
피와 살이 되는 영광

남기면
음식물 쓰레기로 전락

자기 자신
허물도 없이 천당과 지옥행

너무 너무
부담스러워 도저히 할 수 없어

먹을 만큼 취해
싹싹싹 즐겁게 비운다 오늘도 내일도

2018. 8. 14

비우는 즐거움 3
–군더더기 살 비우기

뚱땡이
면접에서 떨어뜨렸다

게으르고
의지가 박약하다는 이유

하기야
인력이 남아도는 시대지만

누구에게도
도움이 안 되는 군더더기 살

보는 이로 하여금
혐오감을 느끼게 하는 초비만

노력만 하면
얼마든지 비움이 가능하다는 믿음

6개월에 10킬로 감량
먹는 대로 올라가는 놈과 늘 다툼

매일 아침
체중계에 올라 어제 생활을 분석

체중은 묘해
오를 땐 껑충 내릴 땐 쪼끔 쪼끔

오른 날만 긴장
하루하루 쪼끔씩 비우는 즐거움 쏠쏠

2018. 8. 26

비우는 즐거움 4

–저서 · 시집 비우기

저서 · 시집
20권이 되다 보니

책이 많아
비우고 또 비운다

거기다
매년 나오는 시집까지

비우고 비워도
바닥이 드러날 줄 몰라

단순한 비움이 아닌
상대가 받아서 즐거운 비움

내가 쓴 글 · 시
누군가가 읽어 주는 흐뭇함이여

오늘 나의 삶
한 수 시에 담는 짜릿함이 있네

한 해 100수씩
한 권의 시집으로 묶어 비우는 큰 보람

총명이 허락하는 한
쓰고 또 써 비우고 비우는 즐거움 누리리라

2018. 8. 28

비우는 즐거움 5
–자식 효도 비우기

긴 병에
효자 없다는 옛말

긴 명에
효자 없다는 시쳇말

돌아간
부모에 효도하긴 쉬워도

살아 계신
부모에 효도하긴 어려워

오래 살면서
늙어 가는 자식 효도 바라랴

열을 바라다
다섯을 받으면 섭섭하지만

바라지 않다가
하나를 받으면 고마워하리니

젊으나 늙으나
홀로 서는 것만이 참다운 삶

자식 효도 비우고
꿍치고 꿍쳐 당당히 뚜벅뚜벅 사는 게 즐거워

2018. 9. 2

비우는 즐거움 6
-시간 비우기

학창 시절
1분 1초도 아끼는 공붓벌레

직장 시절
몇 개월씩 휴일도 반납한 일벌레

은퇴 시절
하루 12시간씩 쓰고 깎는 창작벌레

두 번의 저승 문턱
되돌아와 기적적 삶을 살게 되니

삶덤 시절
바둥바둥 시간의 노예가 아닌 주인

시간은 비워져
금이 아닌 공기 되어 자유로워진 몸

너르디너른 시공
바람 부는 대로 물결치는 대로 노니네

2018. 9. 4

巨木다워라

바람
그치길 바라지 마라

태풍도
끄떡없이 견딘 세월

얼마인데
그까짓 바람에 신경 쓰나

즐겨라
강풍이든 미풍이든 웃으며

아무리
살을 에는 삭풍일지라도

한 번 스쳐 가면
두 번 다시 못 만나는 걸

2018. 2. 15

자유로운 영혼

갑자기
홀로 붕 떠 있다는 느낌

혼자 왔다 가는
인생 당연한 일이라지만

어쩐지
자유로우면서 아쉬움도 있어

50대 중반
떠나가신 어머니 잊는데 20년 걸리더니

80고개 넘고 보니
살아 있든 가 버리든 이미 잊은 사람 되었네

석가도 공자도 소크라테스도 예수도
나보다는 일찍 떠난 걸 보면 살긴 많이 산 듯

지금 떠난다 해도
자기 목숨보다 더 간절히 남길 원하는 이 안 보여

살기는 잘 산 모양
거두어야 할 사람도 어루만져 주어야 할 영혼도 없다는 뜻

자유로운 영혼
훨훨 마음껏 날아오르리 날아오르리라 광활한 우주 속으로

2018. 4. 4

알다 모를 인연

어느 생에
무슨 인연 있었기에

길 위에서
어느 여인의 포옹을 받다니

미소 띤 얼굴
나를 아는 표정으로 다가와

누구일까
기억을 더듬는데 양팔로 나를

나를 아는지 물으려는데
옆에 있던 아내가 확 떼어 내니

아무 말 없이
가던 길을 유유히 걸어가는 20대 아가씨

아무리 아무리
낯익어도 이생에선 처음 만난 사람 분명해

아마도 아마도
전생 전전생 어딘가에서 연이 있지 않고서야

내가 숙명통(宿命通)을 얻었다면
알아낼 수 있으련만 두고두고 소설만 쓰게 하는구나

2018. 4. 8

주머니 속 절대신

주머니
속엔 절대신이 존재한다

알라도
예수도 석가도 할 수 없는 능력

배고플 때
밥 먹여 주고 아플 때 치료비 대 주고

편안한 집도
필요한 자동차도 사고 싶은 물건도 해결

적절히
이웃에 보내면 입꼬리 올라가고 칭송하는

아무리
밤새워 기도한다 해도 어느 신인들 할 수 있으랴

잘 받들어 모셔라
당신의 손발이 되어 배신도 모르는 주머니 속 절대신

2018. 4. 20

어머니 탕국

시원 담백
구수한 맛의 어머니 탕국

푹 익은 무
큼직큼직 다시마에 두부 소고기 조금

큰 한 사발에
고사리 도라지 미나리나물 밥 한 수저

아무리 봐도
야채가 주류인데 어찌된 영문인지 살이 찐다

생선전 소고기전
넣으면 탕국 맛 업그레이드되는 걸 뻔는데도

말도 소도
코끼리도 아닌 육식 즐기는 호랑이가 풀만 먹고서

아무리 아무리
골똘히 생각 생각해도 영양만 따져서는 안 될 일

아마도 아마도
살아생전 아들 하나 마음껏 먹이지 못한 어머니 뜻인 듯

2018. 4. 22

천년 꿈을 안는 하루

하루를
살지라도

천년 꿈
안고 살아라

하루 꿈
안고 천년을 살아도

하루살이
삶밖에 될 수 없지만

천년 꿈
안고 백년을 산다면

승천한 용
삶을 살 수 있으리니

어려서나
젊어서나 늙어서나

언제 끝날지
모르는 게 인생인데

어찌 늙었다 해
하루하루 마무리만 하며 살아가리오

2018. 5. 3

제사 비용 0

돈 때문에
제사 안 지낸다면

새빨간
거짓말 중의 거짓말

제사 비용
한 푼도 안 들어간다

조상님
잡수시는 시늉뿐 몽땅 남기시니

제사상
진열한 음식 100% 자손이 다 먹어

돈 궁하면
메 한 그릇 탕국 한 사발 청수도 족해

돈 풍부하면
많이 차려 주위에 나누어 주어도 좋고

죽어 보니
자기만 쪼록쪼록 일 년 내내 굶는다면

누굴 탓하랴
살아생전 조상님 제사 안 지낸 자기 탓인 걸

2018. 5. 21

100세 비결

마치
100세 비결이라도 있는 듯

어느 노인
삶은 돼지고기 커피로 104세

나까소네 총리
야채 낫또 모리소바로 100세

무엇을
먹느냐는 별 의미가 없을 듯

사람마다 천차만별
육식 호랑이와 초식 토끼가 다른 만큼

어찌하면
잘 먹고 잘 자고 잘 싸느냐에 연구하는 삶

그렇다고
누구나 100세는 아니지 다만 자기의 천수뿐

마치
아무리 노력해도 하루살이의 천수는 하루이듯

누구나
노력해 자기 천수를 누리며 그걸로 만족해야 현명

2018. 5. 28

맥을 살리는 지혜로운 삶

만물엔
만 가지 맥이 있다

산에는 산맥
땅에는 지맥
지하엔 수맥

피에는 혈맥
몸에는 기맥
신경엔 신경맥

가문엔 가문맥
민족엔 민족맥
동식물엔 종족맥

맥은
어느 것이나 중요해

막히면 병들고
끊어지면 죽는다

지혜로운 삶이란
맥을 막히지 끊기지 않게 하는 삶

강물 줄기가
사시사철 밤낮없이 유유히 흐르듯

2018. 7. 1

끈 떨어진 연

드디어
숙원이 이루어졌다

연에게
속박하던 끈이 떨어졌으니

창공을 마음대로
훨훨 날을 수 있는 대자유

즐거움도 잠깐
자기 힘으론 아무것도 할 수 없어

허공을
멀리 멀리 날으니 구경꾼도 사라지고

바람에
이리저리 밀려다니다 땅바닥에 곤두박질

흙투성이 된 연
애타게 불러 본다 애지중지해 주던 주인을

2018. 7. 3

나는 왕이로소이다

나는
왕이로소이다

수십 조의
세포와 박테리아를 거느린

나라를 지키기 위해
외교 국방 산업 보건에 힘쓰는

잘살든 못살든
내 공이요 내 탓이라는 걸 잘 아는

누구도
나를 지배할 수도 대신할 수도 없는

그래서 나는
세종 임금처럼 훌륭한 왕이 되려 합니다

그러나 자기가
왕인 줄도 모르고 노예를 자청한다든지

삶이 어려울 때
남의 탓을 하는 어리석은 연산군 무리도 많답니다

하루빨리 깨어나
왕이면 왕답게 생각하고 행동하길 간절히 바란다네

2018. 9. 11

신들린 밤나무

신들렸네
무상골 선산 산밤나무

신장막대
되어 얼마나 흔들렸기에

좍좍좍좍
쏟아 내린 자잘한 귀여운 알밤

조상 신령님
자손 번창 위해 굿판을 벌이셨구나

얼마나 얼마나
별빛 총총한 밤이 적적했으면 신나게

아마도 아마도
바쁜 자손보다 빈둥빈둥 다람쥐 멧돼지

불러 모으려
심지도 가꾸지도 않은 산밤을 주렁주렁

지혜로우셔라
나무꾼 발길 끊어진 산속 벌이시는 굿판

2018. 9. 27

외로운 길

홀로
걷는 외로운 길

아무도
걸어 보지 않은 길

무엇이
나타날지 모르는 길

누구도
자기는 안 간다는 길

석가모니가
궁중의 안락 버린 길

빛나는 보석
반짝반짝 반길지 모르는 길

80노객
나귀등 올라 걷는 외로운 길

2018. 10. 14

팔십 정상 오르니

사방이
확 트여 눈 아래라

사라진
시험걱정 승진경쟁

가벼운 어깨
부양할 부모 자식 없어

친구란
바람 구름 별 뿐이라 홋홋

두 다리
튼튼하고 비바람 막아줄 옷 입었으니

배낭 속
양식 남아 있는데 신선인들 부러우랴

2018. 11. 15

팔십 정상 밟으니

공부할 일도 공부시킬 일도
돈 벌 일도 돈 벌어 줄 일도
부양받을 일도 부양해야 할 일도

공경 받을 일도 공경해야 할 일도
꾸중 받을 일도 꾸중해야 할 일도
굽실거릴 일도 굽실거리게 할 일도

술 마실 일도 술 마시게 할 일도
접대 받을 일도 접대해야 할 일도
선물 받을 일도 선물해야 할 일도

미움 받을 일도 미워할 일도
눈치 볼 일도 눈치 보게 할 일도
시기 질투 받을 일도 시기 질투 할 일도

폼 잡을 일도 폼 나게 할 일도
왕따당할 일도 왕따시킬 일도

깡패 무서워할 일도 깡패노릇 할 일도

다 부질 없는 낙엽 되어 발밑에 밟히는구나

2018. 11. 16

오는 세상 꾸미는 재미

연꽃
품은 너른 연못에

발 담근
날아갈 듯 선 정자

오래전
마련된 그림 같은 저택 앞

누구도
오는 세상 이리 꾸미지 못한

아름다운
큼지막한 미술 작품 조성하는

재미에
푹 빠져 지내는 즐거운 하루하루

이승 저승
단절이 아닌 소통이 가져다주는 행복

다름 아닌
조상숭배 신앙의 매력이 아니고 무엇이랴

2018. 11. 23

그려 본 오는 세상 삶

살아서나
죽어서나 눈 뜨면

선비답게
의관 단정히 하고

유택 나와
정자에 앉아 쉬면서

오는 손님
맞이하고 이 얘기 저 얘기

맑은 샘물
풍성한 산채 과일 대접하고

성묘 오는 자손
하나하나 챙겨 복 내리리라

너른 연못 연꽃 피워
지나는 중생 즐겁게 해 주고

사시사철
물 콸콸 꽃 만발 과일 풍성한 마을의 꿈

2018. 11. 25

아름다운 생존 본능

하나뿐
한 번뿐인 생명

어찌
귀중하지 않으리

길가에
짓밟히는 풀꽃

살고자
이리저리 날아다니는 곤충

살고자
안간힘 쓰는 걸 보노라면 아름다워

미세 먼지 마스크
거부한다 몸의 생존 본능 위력 믿기에

영원히 살 수 있다면
굳이 자손 얻으려 노력할 필요 있으리

뭇 생물 짝짓기 번식
영생 위한 유일한 방법이니 최고 미덕이라네

2018. 11. 28

알맞은 삶의 미학

알맞은
시간에 일어나

알맞은
아침 야채를 먹고

알맞은
승용차를 운전해

알맞은
사랑방에 출근 후

알맞은
독서와 사색을 하고

알맞은
점심 식사를 한 후

알맞은
대로 위 산보를 하고

알맞은
시간에 퇴근 샤워 후

알맞은
디저트 및 차를 마시고

알맞은
TV시청을 하고 잠들면

알맞은
미래를 설계하는 꿈을 꾼다

2018. 12. 3

제 6 부

달리는 진달래

然

새 옷 갈아입는 계절

지루 지루
얼마나 기다린 찬스냐

옷장 안
넘쳐흐르는 활기 가득

아가씨의
날씬한 각선미 눈길 끌고

가로수
질세라 파릇파릇 뽐내는데

겨우내
눈이 오는지 비가 오는지 모른

힘 빠진 넋
덩달아 새 옷 갈아입고 먼 길 떠나네

참게나 참으시게
아무리 새 옷 좋다 해도 한 번 가면 못 오는 길

2018. 3. 14

*우리 집 가사 도우미 젊은 남편 떠났다는 소식 들으며

달리는 진달래

책가방
집어던지고 뒷동산 올라

진달래
목마름이 가시도록 실컷

두세 번
갈 때마다 자리를 지키더니

얼마나
급했으면 벌써 달아나 버려

손을 뻗치니
철쭉이 고개를 살살 흔드네

아마도
내가 100세쯤이면 날아갈지도 몰라

2018. 4. 12

바람 바람이 불면

바람 바람
따스한 봄바람 불면

어떤 이
한겹 한겹 입은 헌옷 벗어 던져

어떤 이
한겹 두겹 겹겹이 새 옷 껴입어

벗고 벗어
맨살 드러날수록 아름다움 돋보이고

입고 입어
맨살 감싸질수록 점점 눈부셔지는 계절

이래저래
바람기 많은 암컷 수컷들 잠 못 이루는 밤

2018. 5. 11

비가 내리네 임이 오시네

비가
내리네

임이
오시네

목마른
대지 으쓱으쓱 춤추고

일하던 농부
하늘 쳐다보며 노래 부르네

비는
산천초목 뭍 중생의 임이로되

주기만 하고
아무것도 바라지도 받지도 않는 보살이라네

2018. 6. 26

한증막 폭염 호들갑

한증막 폭염
연일 호들갑을 떤다

서울이
111년만의 최고라나

강철이
대장간을 무서워하지 않듯

나에겐
아무리 떠들어 대도 귓전이다

대학 나와
투입된 작업장 환경이 기막혀

러닝 팬티가
현장에 들어가자마자 5분이면 흠뻑

창문 하나 없는 벽
펄펄 끓는 수십 대의 Jigger 염색기

천장에선 줄 낙수
실내 온도는 측정한다는 게 무의미

자그마치 5년
견디고 견디다 보니 강철이 되어 버렸나

요즘 폭염에 점심 먹고
90분 종로거리 산보에 러닝 팬티 멀쩡

2018. 8. 6

제 7 부

18,000神의 나라 제주

紀

살고픈 제주

나이가
들어 그런가

처음엔
이국 풍경에 끌리더니

두세 번
보니 한 번 살고파라

오죽하면
추사 유배지를 보면서

바보처럼
이리도 좋은 곳에 귀양이라니

어머니
자궁처럼 답답한 도시를 떠나

확 트인 시야에
들어오는 싱싱한 숲 푸른 바다

흠 잡을 게 없네
비행기 택시 호텔 속에서 느끼는 제주

살아 보면
다를지도 모르지 3보 미인에 속았다고

2018. 6. 24

18,000神의 나라 제주

이제야 알았다
제주가 신의 나라임을

18,000神이 주인
곁방살이 하는 사람

얼마나 신이
두려우면 이사도 마음대로 못해

신들이 옥황상제
만나러 가는 신구간*에만 한다니

제주는 4多島
바람 돌 여자에 神을 하나 더해

위엄으로 지배하는 신
고분고분 말 잘 듣고 보호받는 백성

아무리 우주선 타고
화성 왕복하는 시대가 온다 해도

좀처럼
신은 통치권을 넘겨주지 않으리라

2018. 6. 29

*신구간: 大寒후 5일에서 立春전 3일간을 이르는 말.

아까워라 홋카이도

생전 처음인데
언젠가 살던 땅 같은

홋카이도
아마도 전생에 연을 맺은 듯한

어려서
꿈에 내 왕국을 세웠던 바로 그 땅

사방이 요새
왕인 나는 훨훨 날아 외부 출입을 자유로이

아까워라
내 나라가 200년 전까지는 주인이 없었다니

한두 번이 아닌
똑같은 꿈을 몇 년에 걸쳐 꾸고 또 꾼 기억

숙명통(宿命通)
없음을 한탄하노라 숙세(宿世)에 내 나라이거늘

이러나저러나
남한보다 조금 작지만 평야는 더 넓은 이 땅

수백 년 전에 태어나
이곳에 와 나라를 세우지 못한 아쉬움이 크다네

2018. 9. 14

맨 마지막 사라질 나라 일본

알면 알수록
소름이 끼치도록 얄미운 일본

하는 일
너무너무 완벽해 숨 막히도록

열차 승무원
우리 50년대 60년대에나 했듯이

승객 하나하나
승차권 꼼꼼히 보고 검찰 구멍까지

국민 하나하나
매뉴얼 대로 움직이니 나라가 튼튼

그뿐인가
아마도 지성인이 우리의 열 배는 되리

제2차 대전에 망하고도
주범인 천황을 끌어내리지 않은 나라

어떤 난관에
부딪히고도 소름이 끼치도록 침착한 국민

사방이 바다라
자연요새 속 똘똘 뭉쳐 맨 마지막 사라질 나라

2018. 9. 16

고만고만한 일본인

눈에 띄게
잘나지도 못나지도 않은

고만고만한
일본인 바라보고 있노라면

아 저래서
후줄근한 차림으로 이리저리

일개미 떼
바삐 돌아다니듯 아주 열심히

허파에 바람 들어
흰소리 펑펑 치는 놈보다는

착실히 상식이
통하는 놈이 인정받는 일벌레

바라지 마라
저들이 두 패로 싸워 망하기를

일본 열도가
바다 속으로 가라앉지 않는 한

건재하리 번창하리
여왕개미를 중심으로 똘똘 뭉쳐

2018. 9. 17

아이 셋이 대세

홋카이도
부러워라 부러워

아이
셋이 대세라니

뷔페식당
이리저리 뛰지도 않아

귀여워라
오순도순 잘 자라는 게

하나 낳아
아무리 노력한다 해도

누구나
전교 일등 서울대 갈 수 없는 일

셋 정도 낳아
자기 수준에 맞게 사는 게 행복

저들은 알고
실천하고 있으니 부러울 수밖에

2018. 9. 20

선교장(船橋莊)에 놀라다

선교장
세 번 놀랐다

하나는
이름에 놀랐다

배다리라니
전혀 예상치 못한 배 선(船)

또 하나는
명당자리에 잘 어울리는 조화미

창덕궁
낙선재인들 이처럼 아름다우랴

다른 하나는
효령대군 자손이 쌓고 베푼 덕

일제 6.25
난세 난세를 무난히 지켜 온 힘이여

그대 있어 말하노라
조선조 사대부 집안의 당당한 위풍

2018. 11. 4

놀란 카카오택시 기사

강릉
관광 첫날

선교장에서
오죽헌 가려 카카오택실 불렀다

달려온 택시
타라고 하질 않고 두리번두리번

문을 여니깐
호출해 왔는데 하면서 쭈뼛쭈뼛

타면서 우리라
하니 깜짝 놀라며 연세가 있으셔서

강릉 택시 몇 해
어르신 카카오 호출 처음이라며 껄껄껄

첫날 첫 번째 관광
나도 생전 처음 카카오 기사도 늙은이 처음

이래저래
첫 자가 여러 개가 겹치니 기분 좋은 출발이네

2018. 11. 5

강릉엘 와 보니

하늘은
허균 허난설헌 차지

오호호호
난설헌의 낭랑한 시낭송 소리

하하하하
내가 꿈꾸던 세상이다 허균의 큰 소리

아마도 아마도
10만 원 100원권 지폐는 우리 차지야

땅은
이율곡 신사임당 차지

창피해
한 일은 별로에 너무너무 추켜올려

운이 좋았던 건데
좀 내버려 두면 좋으련만 꾹꾹 쥐어짜니

바다는
효령대군 자손 차지

역시 덕이야 덕
배다리 집에 앉아 잘 사는 이치를 읊어 댄다

2018. 11. 7

中里 한두현(韓斗鉉) 시인

■ 약력

- 1938년 서울 상왕십리 출생.
  부친 별세로 고향인 강원 원주 부론 노숲 성장(돌 때부터)
- 초등학교 6학년 때 6.25발발 2년간 농업에 종사하느라 진학이 늦어짐
- 중학 3학년 때 학생회장으로 정의심 발동으로 전교생을 7일간 동맹휴학으로 이끌어 목적을 달성하였으나, 장기정학처분 및 수석졸업에 品行可를 받음
- 국립교통고등학교(국비) 졸업. 서울대학교 공과대학 졸업
- 35년간 섬유업계 종사, 상장회사 대표이사 사장 역임 후 자진 은퇴, 제3인생 시작
- 국가발전기여공로 석탑산업훈장 수훈
- 기술사, 발명가, 글지이, 조각가
- 문예사조 시 신인상 당선 문단 데뷔
- 문예사조문인협회 회원, 서울시낭송클럽 상임위원
- 한국문인협회 회원, 국제펜 한국본부 회원

■ 수상 (詩부문)

- 문예사조문학상 본상 수상
- 한국자유시인상 대상 수상
- 未堂徐廷柱시회상 수상
- 한국문학비평가협회 문학상 수상

■ 시집

- 인연(제1시집)
- 인왕산(제2시집)
- 서원의 길(제3시집)
- 마중물(제4시집)
- 몽당연필(제5시집)
- 징검다리(제6시집)
- 태풍아(제7시집)
- 어느 여의사(제8시집)
- 몰록(제9시집)
- 호모사피엔스(제10시집)
- 한두현 詩전집 1 · 2
- 말문이 열린 江(01시집)
- 촛불의 푸념(02시집)
- 항해하는 지성인(03시집)
- 프로부모(04시집)

■ 저서

- 자식을 부모의 팬으로 만들어라
  〈자녀교육해법 124장〉 나남출판
- 자식에게 무엇을 가르쳐 세상에 내보낼 것인가
  〈뿌리교육해법 124장〉 나남출판
- 자식을 우리의 옛 이야기로 길러라 1, 2
  〈이야기 인성교육 620마당〉 나남출판
- 자식교육 이제는 프로부모의 시대다
  〈전문부모의 길 74장〉 나남출판

한두현 제05시집

비우는 즐거움

초판 발행 2020 년 2 월 12 일

지은이 | 한두현
펴낸이 | 김효열
편　집 | 이현심
마케팅 | 김효숙 · 이미정 · 김영미

펴낸곳 | **을지출판공사**

등록번호 | 1985 년 2 월 14 일 제 2-741 호
주　　소 | 서울시 마포구 양화진길41, 603호
우편번호 | 04083
대표전화 | 02) 334-4050
팩시밀리 | 02) 334-4010
전자우편 | ejp4050@hanmail.net

값 15,000원

ISBN 978-89-7566-185-3 03810